HACIENDO MÁSCARAS

EDICIÓN PATHFINDER

Por Ronald Naversen y Lori Wilkinson

CONTENIDO

Haciendo

máscaras

Por Ronald Naversen
Profesor de teatro, Universidad de Southern Illinois, Carbondale

A mi joven vecina casi se le salen los ojos de las órbitas. Era su primera visita a mi casa, y se quedó muda. Adondequiera que mirara, otra cara extraña la observaba.

Había caras grandes y pequeñas, amistosas y temibles. Algunas eran brillantes y coloridas, otras sencillas. Finalmente, mi vecina se dio vuelta y me dijo, "¡Tu casa es realmente interesante!".

Otras personas han dicho lo mismo porque mi casa está llena de máscaras. Hace 20 años que las colecciono, y ahora tengo aproximadamente 150. Provienen de **culturas** de todo el mundo.

Las máscaras siempre me han fascinado. ¿Por qué? Bueno, tienen mucho poder. Una máscara puede cambiar la apariencia, e incluso el modo de actuar, de una persona. ¡Con razón las personas de todo el mundo las usan!

Sin embargo, no solo colecciono máscaras. También las estudio. Viajo por el mundo para aprender sobre ellas. En el camino, hablo con expertos.

En Grecia conocí artistas que fabrican máscaras. Estas máscaras son como las que se usaban en la antigüedad. En ese entonces, los actores griegos usaban máscaras en las obras de teatro. Las máscaras ayudaban a los actores a desempeñar más de un papel. Ver máscaras griegas me encantó, ya que soy profesor de teatro.

En Rumania vi cómo las máscaras transformaban a personas comunes en hombres peludos y salvajes. Luego corrían por las calles. Estaban celebrando el comienzo de la primavera.

También viajé a Nueva Orleáns y a Nueva York. Observé cómo desfilaban por las calles personas con máscaras coloridas.

Un personaje colorido.
Un bailarín enmascarado realiza una representación en un festival en Bután.

4

Pleno de espíritu

Uno de mis lugares preferidos para ver máscaras es Bali. Es una isla de Indonesia. Pasé seis semanas allí aprendiendo a tallar máscaras de madera.

Estaba en el lugar correcto. Bali es famosa por sus máscaras de madera. Son realmente increíbles. Se necesita paciencia y trabajo arduo para tallar los rostros. Después de tallar una máscara, el artista la pinta. Se necesitan 15 a 20 capas de pintura para que una máscara quede bien. Después el artista puede agregarles cabello, oro o joyas a las máscaras.

Los actores usan estas extraordinarias máscaras para representar obras de teatro. Las obras cuentan historias antiquísimas sobre la lucha del bien contra el mal.

Las máscaras ayudan a los actores a actuar. Verán, es que las personas de Bali creen que el espíritu de cada personaje vive en cada máscara. Por lo que usar la máscara no solo le da al actor la apariencia correcta sino que ayuda a convertirlo en el personaje. Muchas culturas tienen creencias similares acerca del poder de las máscaras.

Rostros de festival

Las personas usan máscaras de manera similar en Bután. Esta pequeña nación asiática se encuentra en las alturas de la cordillera del Himalaya.

Bután es famoso por sus **festivales** o celebraciones religiosas. Se festejan en diferentes épocas del año. El propósito de los festivales es mantener alejados a los espíritus malignos y atraer la buena fortuna.

Ningún festival de Bután estaría completo sin bailarines con máscaras. Al igual que en Bali, las máscaras son deslumbrantes. Están talladas en madera, luego se las pinta y se las decora.

Las máscaras ayudan a los bailarines a representar dioses, demonios, espíritus y otros personajes de los **mitos**. Las máscaras muestran qué personaje está representando cada bailarín. Eso ayuda al público a distinguir a los diferentes personajes y a seguir la trama.

Las historias se basan en la religión de Bután, el budismo. Los mitos enseñan lecciones acerca de cómo vivir una buena vida y tratar a las personas con amabilidad.

La cara del cambio

Algunas de las máscaras más espectaculares que he visto estaban en una película de África Occidental. Mostraba al pueblo dogón de Mali. ¡Se paraban en zancos y usaban máscaras el doble de altas que un adulto!

Los dogón fabrican muchas clases diferentes de máscaras. Los **diseños** varían de aldea en aldea. Algunas máscaras parecen bolsas de tela colocadas sobre la cabeza de una persona. Las personas cubren estas máscaras con pequeñas conchas o las coronan con pedazos altos y delgados de madera. Otras máscaras son de madera. Las personas tallan rostros relativamente sencillos en ellas.

Las máscaras son especialmente importantes para los **rituales** en honor a los muertos. Cuando alguien muere, los dogón se ponen máscaras y bailan. Llegan a bailar en el techo de la casa de la persona que murió. Esto demuestra que la comunidad respeta al fallecido.

Los dogón también usan máscaras y bailan en festivales. Algunos de estos festivales comenzaron como una forma de entretener a los turistas o visitantes. Sin embargo, estos eventos se volvieron importantes entre los mismos dogón.

Eso es porque el mundo moderno está produciendo cambios en los dogón. Muchas personas temen que su cultura muera. Los festivales ayudan a mantener con vida el uso de las máscaras y otras tradiciones.

Con el lobo encima

Las personas no solo se cambian la cara con máscaras. También usan pintura y tinta para cambiar su apariencia. Por ejemplo, muchos amerindios se decoran la cara. Lo hacen de mil formas diferentes.

Un buen ejemplo es el pueblo arapaho del Norte, en Wyoming. Algunos miembros del grupo usan pintura y tocados para verse como lobos. Se visten así para los eventos importantes, como por ejemplo los powwows. Un powwow es una reunión de amerindios.

¿Por qué lobos? El lobo es especial para los arapaho del Norte. Los admiran porque son fieles entre sí. También ven a los lobos como maestros. Dice la tradición que las personas aprendieron a trabajar juntas para cazar sus alimentos observando a los lobos. Esto también les enseñó a compartir la comida.

Por eso, los arapaho del Norte honran a los lobos con danzas especiales. Pintarse la cara del lobo ayuda a los bailarines a meterse en el personaje y participar en estos importantes rituales.

La danza del lobo. *Usando un tocado y pintura facial de lobo, un hombre de los arapaho del Norte está listo para un powwow, o reunión.*

Bienvenida a los guerreros. *Los miembros de un grupo en Papúa Nueva Guinea usarán esta máscara para honrar a los jóvenes guerreros.*

¿Qué dice mi cara?

Las decoraciones faciales son como álbumes familiares para el pueblo maorí de Nueva Zelanda. Las volutas y diseños del rostro de un hombre cuentan a los demás acerca de él. Por tradición, un lado cuenta la historia de la familia del padre. El otro lado la de la madre. Las mujeres también usan diseños, pero no tantos como los hombres.

La decoración facial de los maoríes es considerablemente diferente de otras. Es permanente. Eso significa que no pueden quitarse las decoraciones.

Los maoríes no se ponen simplemente pintura sobre el rostro. En lugar de eso, un artista talla el diseño en la piel. Luego el artista pone color en las heridas. La mancha vuelve la piel de la persona de color negro azulado.

El proceso es largo y muy doloroso. Sin embargo las personas lo siguen haciendo porque las decoraciones faciales son una señal clave de la identidad cultural maorí.

Diferenciándose

La pintura facial también es importante para el pueblo karo. Son un pequeño grupo en Etiopía, un país de África Oriental.

Los karo viven cerca de un grupo más numeroso. Los dos grupos hablan idiomas parecidos. Los karo podrían confundirse fácilmente con el otro grupo y perder su identidad cultural. No es eso lo que quieren, y por eso intentan diferenciarse.

Para lograrlo, se pasan pintura blanca y amarilla por el rostro. A veces agregan líneas y puntos. Con estas decoraciones los karo dicen, "Soy un karo, ¡y me enorgullezco de serlo!".

Caras conocidas

Me encanta viajar por el mundo para ver máscaras. Sin embargo, también puedo encontrar máscaras y rostros decorados aquí en casa. Los niños usan máscaras para convertirse en sus personajes favoritos. Los aficionados del deporte se pintan el rostro con los colores de su equipo, para alentarlo.

Estos ejemplos pueden parecer diferentes de las máscaras de los dogón o de la pintura de los karo. Sin embargo, cada vez que las personas crean caras nuevas, en realidad todos están haciendo lo mismo. Se están liberando para actuar de manera diferente, para adoptar una nueva identidad durante un tiempo. Esa libertad es lo que da tanto poder al hecho de crear la cara.

Vocabulario

cultura: creencias, idioma, artes y forma de vida de un grupo

diseño: patrón de formas, que por lo general se considera agradable

festival: celebración; en ocasiones dura varios días

mito: historia tradicional que se basa en las creencias de un grupo

ritual: conjunto de acciones formales que marcan un evento

El gran día. *Niños aborígenes australianos se preparan para un ritual en el que aprenderán las costumbres de su pueblo.*

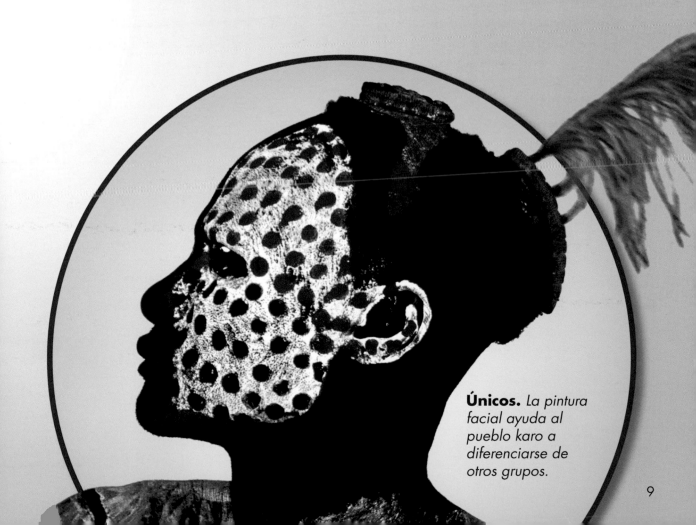

Únicos. *La pintura facial ayuda al pueblo karo a diferenciarse de otros grupos.*

Luces
y sombras

Por Lori Wilkinson

EN LA ISLA DE JAVA tienen una manera única de contar historias. Usan sombras de marionetas.

El teatro de marionetas de Wayang es una antigua tradición. Los javaneses y los balineses han estado contando historias de esta forma durante mil años.

En la actualidad, las personas de Indonesia siguen usando el teatro de marionetas de Wayang para contar sus historias.

Representaciones tradicionales.

Para hacer las sombras, los titiriteros estiran una sábana entre ellos y el público. Hacen brillar una luz contra la sábana. Cuando un dalang, o titiritero, levanta las marionetas, la luz las ilumina y produce una sombra contra la sábana.

También hay músicos y cantantes detrás de la sábana. Tocan instrumentos tradicionales de bronce y tambores de gamelán. La música que tocan y cantan hace que las historias cobren vida.

Historias tradicionales.
El dalang es quien relata la historia. Los cuentos pueden ser sobre la historia, los mitos y las leyendas, la religión y los héroes. La mayor parte de las historias se transmite de generación en generación.

Los futuros titiriteros comienzan a aprenderlas desde niños. ¡Un dalang famoso comenzó a hacer representaciones cuando solo tenía doce años!

Marionetas tradicionales.

Las marionetas se pueden hacer de madera o de cuero. Algunas tienen volumen, otras son planas. Todas tienen tutores, o palos largos, unidos a ellas. Estos palos permiten que los dalang muevan los brazos y las piernas de las marionetas.

Una clase de marioneta, el Wayang Kulit, es plana y está hecha de cuero de búfalo.

Tradiciones en el futuro.
¿El público verá funciones de sombras de marionetas en el futuro? La UNESCO (Organización de las Naciones Unidas para la Educación, la Ciencia y la Cultura) cree que el teatro de marionetas de Wayang es una parte importante de la cultura de Indonesia.

En 2008, la UNESCO colocó al teatro de marionetas de Wayang en la categoría de cosas dignas de "protegerse". Esto significa que las personas harán lo posible por mantener a salvo la tradición del teatro de sombras protagonizado por marionetas. Si el teatro de marionetas de Wayang se mantiene vivo en Indonesia, entonces muchas personas podrán disfrutarlo en los años venideros.

Centro del escenario

Pon a prueba lo que has aprendido acerca de las representaciones y responde estas preguntas.

1 ¿Por qué son tan poderosas las máscaras?

2 Mira las fotografías de las páginas 5 y 6. ¿Qué tienen en común los bailarines? ¿En qué se diferencian los dos bailarines?

3 ¿Cuál es la idea principal del artículo "Haciendo máscaras"?

4 ¿De qué manera las historias cobran vida en el teatro de marionetas de Wayang?

5 ¿De qué manera los artistas con máscaras y marionetas mantienen vivas las tradiciones?